Bibliografische Information der Deutschen Nationalbibliothek:

Die Deutsche Bibliothek verzeichnet diese Publikation in der Deutschen National-
bibliografie; detaillierte bibliografische Daten sind im Internet über http://dnb.d-
nb.de/ abrufbar.

Impressum:

Copyright © 2010 GRIN Verlag, Open Publishing GmbH
Druck und Bindung: Books on Demand GmbH, Norderstedt Germany
ISBN: 9783640656103

Dieses Buch bei GRIN:

http://www.grin.com/de/e-book/153057/ausarbeitung-und-interpretation-von-55-
des-vierten-buches-aus-arthur

Jana Richter

Ausarbeitung und Interpretation von § 55 des Vierten Buches aus Arthur Schophenhauers "Die Welt als Wille und Vorstellung"

GRIN Verlag

GRIN - Your knowledge has value

Der GRIN Verlag publiziert seit 1998 wissenschaftliche Arbeiten von Studenten, Hochschullehrern und anderen Akademikern als eBook und gedrucktes Buch. Die Verlagswebsite www.grin.com ist die ideale Plattform zur Veröffentlichung von Hausarbeiten, Abschlussarbeiten, wissenschaftlichen Aufsätzen, Dissertationen und Fachbüchern.

Besuchen Sie uns im Internet:

http://www.grin.com/

http://www.facebook.com/grincom

http://www.twitter.com/grin_com

Technische Universität Dresden

Philosophische Fakultät

Institut für Philosophie

HS Arthur Schopenhauer – Die Welt als Wille und Vorstellung

Mittwoch, 2. Doppelstunde

Schwerpunktmodul „Klassische Autoren"

Wintersemester 2009/2010

Abgabedatum: 23. März 2010

Prüfungsleistung ‚Schriftliches Referat' in dem Hauptseminar
Arthur Schopenhauer – Die Welt als Wille und Vorstellung

Jana Richter

Fach-BA Literatur- und Kulturwissenschaft/Philosophie

5. Fachsemester

„Point de bonheur sans libertè" – „Kein Glück ohne Freiheit". Das stand auf dem Wappen der Familie Schopenhauer. Und das Motto war Gesetz. Schopenhauers Vater – ein gebildeter Danziger Großkaufmann – siedelte mitsamt der Familie, da er keinem König untertan sein wollte, von Preußen nach Hamburg über. Die Distanz gegenüber dem Staat hat sich auch sein Sohn Arthur zeitlebens bewahrt.

Schon als Kind und Jugendlicher reiste dieser ausgiebig und eignete sich so eine umfassende Kenntnis der europäischen Literatur an, die er in seine philosophischen Werke einfließen ließ.

Nach dem Tod des Vaters zog Schopenhauer 1805 mit seiner Mutter nach Weimar, zu der er seit jeher ein schwieriges Verhältnis pflegte. Die geistreiche Frau führte dort ein recht freizügiges Leben. 1814 kam es zum endgültigen Bruch zwischen Mutter und Sohn; sie sprachen sich danach nie wieder.

Schopenhauers Frauenhass und grundlegende Gedanken seiner Philosophie wurzeln mit großer Wahrscheinlichkeit in dem schwierigen Mutter-Sohn-Verhältnis.

1813 verfasste er seine Dissertation *Über die vierfache Wurzel des Satzes vom Grund.* Mit nur 30 Jahren veröffentlichte er sein philosophisches Hauptwerk: *Die Welt als Wille und Vorstellung,* das jedoch keine große Aufmerksamkeit in der Öffentlichkeit erregte. Erst 1851 hatte er mit dem Werk *Parerga und Paralipomena* durchschlagenden Erfolg beim Publikum. Im gleichen Zuge wurde dann auch sein Hauptwerk, *Die Welt als Wille und Vorstellung,* populär.[1]

Das Werk gliedert sich in vier Bücher. Im Zentrum des Vortrages soll das Vierte Buch *Die Welt als Wille zweite Betrachtung: Bei erreichter Selbsterkenntniß Bejahung und Verneinung des Willens zum Leben* stehen, und darin der Paragraph 55.

Zum besseren Verständnis habe ich den Paragraphen in Abschnitte eingeteilt. So geht es ab Seite 407 bis Seite 421 der Reclam-Ausgabe um den Willen an sich und dessen Einfluss auf die Freiheit des Menschen. Ab Seite 422 bis Seite 428 werden die Unterschiede des Menschen zum Tier erläutert. Von Seite 429 bis Seite 435 geht es um den erworbenen Charakter.

In meinem Referat werde ich versuchen, die Argumente des Paragraphen Schritt für Schritt nachzuvollziehen.

Zentraler Begriff in der Schopenhauer'schen Philosophie ist der Wille: „von der nichtorganischen – doch gesetzmäßig arbeitenden – Materie über Pflanzen und Tiere bis zum

---

[1] zu allen biographischen Angaben vgl. Helferich (2005), S. 339f.

Menschen wirkt überall derselbe dunkle Wille zum Leben."[2] Dieser Wille ist frei, da er, nach Schopenhauer, „das Ding an sich, der Gehalt aller Erscheinung ist."[3]

Alle sonstigen Erscheinungen in der Welt, „der ganze Inhalt der Natur"[4], sind jedoch dem Satz vom Grunde, einem Art Kausalitätsprinzip, unterworfen, „sind also durchaus nothwendig, und die Nothwendigkeit jedes Theils, jeder Erscheinung, jeder Begebenheit, lässt sich jedes Mal nachweisen, indem der Grund zu finden seyn muß, von dem sie als Folge abhängt."[5]

Festzuhalten ist damit also, dass der Wille als erstes Prinzip der Welt keinerlei Restriktionen unterliegt und völlig frei ist, während alle Erscheinungen der Natur – ganz gleich ob inorganisch oder organisch – von Folgen und Gründen determiniert sind.

Insgesamt ist das gesamte Dasein als unmittelbare Erscheinung des Willens aufzufassen.[6]

Da der Mensch auch ein Teil der Natur ist und damit dem Willen unterliegt, wirken auch auf ihn Kräfte ein und „so hat auch er seinen Charakter, aus dem die Motive seine Handlungen hervorrufen, mit Nothwendigkeit."[7]

In der Art und Weise wie ein Mensch handelt, offenbart sich dessen empirischer Charakter, der jedoch vom intelligiblen Charakter, dem Willen an sich, determiniert ist.[8]

Das Besondere an der Spezies Mensch ist nun, dass er die „vollkommenste Erscheinung des Willens"[9] ist: „Im Mensch also kann der Wille zum völligen Selbstbewusstseyn, zum deutlichen und erschöpfenden Erkennen seines eigenen Wesen, wie es sich in der ganzen Welt abspiegelt, gelangen."[10]

Aus diesem ungetrübten Erkennen ginge dann die Kunst hervor, so Schopenhauer, und verweist auf der Dritte Buch *Die Platonische Idee: das Objekt der Kunst.*[11]

Überhaupt ist die Kunst für Schopenhauer, neben der Resignation, der zweite Ausweg aus dem „verhängnisvollen Kreislauf aus Begehren, Leiden, wieder Begehren und wieder Leiden [...]. Unter ‚Kunst' versteht er das ‚Werk des Genius', d.h. das sich selbst genügende, nicht irgendwie zweckgerichtete Kunstwerk. Auf die Betrachtung des ‚Lebens selbst' gerichtet, setzt es Abstand vom Leben voraus."[12].

---

[2] ebd. S. 341
[3] Schopenhauer (2004), S. 407
[4] Schopenhauer (2004), S. 407
[5] ebd. S. 407f.
[6] vgl. ebd. 408
[7] ebd. S. 409
[8] vgl. ebd. S. 409
[9] ebd. S. 409
[10] ebd., S. 409
[11] ebd. S. 409
[12] Helferich (2005), S. 341

Bereits an dieser Stelle kündigt Schopenhauer auch das eigentliche Ziel des gesamten Buches *Die Welt als Wille und Vorstellung* an, nämlich dass durch die oben genannte Erkenntnis des Willens eine Aufhebung und Selbstverneinung desselben möglich ist, um persönlichen Frieden und Erlösung zu finden.[13]

Weiter im Text konstatiert sich ein Paradoxon. Auf der einen Seite nennt Schopenhauer den Menschen frei und dadurch von allen anderen Wesen verschieden[14], auf der anderen Seite „ist der Irrthum zu verhüten, daß das Handeln des einzelnen, bestimmten Menscher keiner Nothwendigkeit unterworfen, d.h. die Gewalt des Motivs weniger sicher sei, als die Gewalt der Ursache, oder die Folge des Schlusses aus den Prämissen."[15]

Wie löst Schopenhauer dies Paradoxon auf?

Nach ihm ist eine Person schon allein aus dem Umstand heraus, dass sie eine Erscheinung des freien Willens ist, determiniert, dem Satz vom Grunde unterworfen, also unfrei. Jede Tat eines Menschen ist dem freien Willen zuzuordnen: „daher hält [...] Jeder a priori (d.h. hier nach seinem ursprünglichen Gefühl) sich auch in den einzelnen Handlungen für frei, in dem Sinne, daß ihm, in jedem gegebenen Fall, jede Handlung möglich wäre, und erst a posteriori, aus der Erfahrung und dem Nachdenken über die Erfahrung, erkennt er, daß sein Handeln ganz nothwendig hervorgeht aus dem Zusammentreffen des Charakters mit den Motiven."[16]

Das innerste Wesen eines Menschen, sein Charakter, bestimmt also all seine Entscheidungen.

Also ist die vermeintliche Willensfreiheit des Menschen nur eine Illusion?

Wirft man einen Blick ins alltägliche Leben, so scheinen es in der Tat viele Entscheidungen in unserem Leben zu geben, die, im Nachhinein betrachtet, determiniert scheinen.

Nimmt man beispielsweise die Wahl des Studienortes. Jemand entscheidet sich dafür Philosophie zu studieren und kann dies an verschiedenen Universitäten in Deutschland tun.

Jetzt gilt es abzuwägen: Wo gibt es die interessanteren Studieninhalte? Welche Stadt bietet Studenten die besten Lebensqualitäten? Je nach der finanziellen Situation – werden Studiengebühren erhoben oder nicht? Bei enger Bindung ans Elternhaus – wie weit liegt die Uni von der Heimat entfernt? etc.

Viele Überlegungen fließen in die letztendliche Entscheidung für den einen oder anderen Studienort ein. Und im Nachhinein betrachtet erscheinen alle Gründe zu zwingend, dass es scheint, als hätte man sich überhaupt nicht für einen anderen entscheiden können, ohne große

---

[13] Schopenhauer (2004), S. 409
[14] vgl. ebd. S. 410
[15] ebd. S. 410
[16] ebd. S. 410f.

4

Abstriche in Kauf zu nehmen. Die Gründe, die Motive, die schließlich zur Wahl des einen und nicht des anderen Studienortes geführt haben, waren zu zwingend.

Dass der Mensch zugleich frei als auch determiniert sein kann, liegt in den zwei Charakteren des Menschen, dem intelligiblen und dem empirischen Charakter; eine Unterscheidung, die Kant in seinen Werken geprägt hat.[17]

Der intelligible Charakter ist „als ein außerzeitlicher, daher untheilbarer und unveränderlicher Willensakt zu betrachten [...], dessen Zeit und Raum und allen Formen des Satzes vom Grunde entwickelte und auseinandergezogene Erscheinung der empirischen Charakter ist, wie er sich in der ganzen Handlungsweise und im Lebenslaufe darstellt."[18]

Durch den empirischen Charakter und das Abwägen der verschiedenen Motive durch den Verstand entsteht die Illusion der Wahlfreiheit, während in Wirklichkeit alle Motive für Entscheidungen im intelligiblen Charakter festgelegt sind und damit die Entscheidungen des eigenen Willens determiniert.[19] Der Intellekt also vermag „den Willen selbst [nicht] zu bestimmen; da dieser ihm ganz unzugänglich, ja sogar, wie wir gesehn haben, unerforschlich ist."[20]

Frühere Philosophen wie Cartesius und Spinoza setzten den Denkakt und das Urteil mit dem Willen überein, „[d]anach nun wäre jeder Mensch Das, was er ist, erst in Folge seiner Erkenntniß geworden: er käme als moralische Null auf die Welt,".

Nach Schopenhauer ist dies eine falsche Vorstellung, seine Vorstellung vom Menschen ist genau umgedreht: „Jeder Mensch ist demnach Das, was er ist, durch seinen Willen, und sein Charakter ist ursprünglich; da Wollen die Basis seines Wesens ist. Durch die hinzugekommene Erkenntniß erfährt er, im Laufe der Erfahrung, was er ist, d.h. er lernt seinen Charakter kennen."[21]

Schopenhauer geht in seiner Auffassung von der Determination des Menschen sogar noch einen Schritt weiter: „Ich hingegen sage: er ist sein eigenes Werk vor aller Erkenntniß, und diese kommt bloß hinzu, es zu beleuchten. Darum kann er nicht beschließen, ein Solcher oder Solcher zu seyn, noch auch kann er ein Anderer werden; sondern er ist, ein für alle Mal, und erkennt successive was er ist."[22]

---

[17] Schopenhauer (2004), S. 411
[18] ebd. S. 411f.
[19] vgl. ebd. S. 413 und S. 414
[20] ebd. S. 414
[21] ebd. S. 416
[22] ebd., S. 416

Hier berührt Schopenhauer hier eine große Streitfrage der Psychologie, nämlich ob der Mensch von Geburt an in seinem Charakter festgelegt ist oder ob er wie eine „tabula rasa" in die Welt tritt und die Umwelt sein Wesen formt.

Wenn Schopenhauer also behauptet, der intelligible Charakter steht unumstößlich fest – widerspricht dies nicht auf den ersten Blick der alltäglichen Erfahrung, dass Menschen aus ihren Fehlern lernen können? Auch hierfür findet Schopenhauer eine Lösung.

In dem Erkennen eines Menschen liegen seine Motive zum Handeln, und durch diese kann die „Handlungsweise eines Menschen merklich verändert werden, ohne daß man daraus auf eine Veränderung seines Charakters zu schließen berechtigt wäre."[23]

Velle non discitur („Wollen kann man nicht lernen"), d.h. „[v]on außen kann auf den Willen allein durch Motive gewirkt werden. Diese können aber nie den Willen selbst ändern: [...] Alles, was sie können, ist also, daß sie die Richtung seines Strebens ändern, d.h. machen, daß er Das, was er unveränderlich sucht, auf einem andern Wege suche, als bisher."[24]

Getreu dieser Auffassung wäre also ein im Innersten verdorbener und schlechter Mensch niemals zu bessern; vielleicht würden ihn gesellschaftliche Bestrafungen ihn davon abhalten Schlechtes zu tun, da ihm diese als das größere Übel erscheinen, aber sein (intelligibler) Charakter bliebe dennoch schlecht. In dieser Auffassung spiegelt sich der Schoperhauer'sche Pessimismus.

Jetzt könnte man jedoch einwenden, dass es doch ganz offensichtlich ist, dass ein Mensch sich im Laufe seines Lebens entwickelt, dass die Persönlichkeit in der Jugend eine andere ist als im hohen Alter.

Schopenhauer bestätigt, dass sich der Charakter allmählich entwickelt und im Laufe der Zeit die Charakterzüge hervortreten[25]: „[B]isweilen [...] werden Leidenschaften, denen man in der Jugend nachgab, später freiwillig gezügelt, bloß weil die entgegengesetzten Motive erst jetzt in die Erkenntniß getreten sind. Daher auch sind wir Alle Anfangs unschuldig, welches bloß heißt, daß weder wir, noch Andere das Böse unserer eigenen Natur kennen: erst an den Motiven tritt es hervor, und erst mit der Zeit treten die Motive in die Erkenntniß."[26]

So entsteht dann auch die Reue, welche darauf resultiert, dass sich die Erkenntnis geändert hat.[27] Diese bezieht sich zudem nur auf Taten: „Ich kann daher nie bereuen, was ich gewollt,

---

[23] Schopenhauer (2004), S. 418
[24] ebd. S. 418
[25] vgl. ebd. S. 419f.
[26] ebd. S. 420
[27] vgl. ebd. S. 420

wohl aber was ich gethan habe; weil ich, durch falsche Begriffe geleitet, etwas Anders that, als meinem Willen gemäß war."[28]

Über die gleichen Wurzeln verfügt das schlechte Gewissen über Begangenes, welches aber nicht mit der Reue gleichzusetzen ist, sondern „Schmerz über die Erkenntniß seiner selbst an sich [ist], d.h. als Wille. Sie [die Gewissensangst] beruht gerade auf der Gewissheit, daß man den selben Willen noch immer hat."[29]

In dem Einfluss, den die Erkenntnis auf die Taten der Menschen hat, liegt auch der Hauptunterschied des Menschen zum Tier: „Obgleich nun Thier und Mnesch mit gleicher Nothwendigkeit durch die Motive bestimmt werden, so hat doch der Mensch eine vollkommene Wahlentscheidung vor dem Thiere voraus, welche auch oft für eine Freiheit des Willens in den einzelnen Thaten angesehn worden, obwohl sie nichts Anderes ist, als die Möglichkeit eines ganz durchgekämpften Konflikts zwischen mehreren Motiven, davon das stärkere ihn dann mit Nothwendigkeit bestimmt."[30]

Zudem sind die Motive des Tieres immer unmittelbar, ihre Wirkung ist für jeden Beobachter augenfällig, während die Motive des Menschen fast immer abstrakte Vorstellungen sind, die von keinem Zuschauer eingesehen werden können und oftmals vor dem Handelnden selbst im Unterbewusstsein verborgen bleiben.[31]

Dass uns bei den meisten Entscheidungen abstrakte Vorstellungen leiten und nicht gegenwärtige Eindrücke, aus diesem Umstand rührt auch die Tatsache, dass uns Entbehrungen im Moment leicht fallen, aber eine Entsagung enorm schwer. Erstere betreffen nämlich die Gegenwart, letztere in unsere Zukunft.[32]

Ein weitere signifikanter Unterschied des Menschen zum Tier liegt darin, dass unser Schmerz und unsere Freude nicht in der Gegenwart liegen, sondern in abstrakten Gedanken: „diese sind es, welche uns oft unerträglich fallen, Quaalen schaffen, gegen welche alle Leiden der Thierheit sehr klein sind"[33].

Die seelischen Schmerzen überwiegen die körperlichen, aus diesem Grund können Menschen auch Selbstmord begehen.[34]

Der Entschluss zu dieser oder jener Tat ist es auch, durch den der individuelle Charakter eines jeden Menschen zu Tage tritt.[35]

---

[28] ebd. S. 420
[29] Schopenhauer (2004), S. 421
[30] ebd. S. 422
[31] vgl. ebd. 422
[32] vgl. ebd. 424
[33] ebd. S. 424
[34] ebd. S. 424
[35] vgl. ebd. S. 425

Neben dem intelligiblen und den empirischen Charakter gibt es nach Schopenhauer noch einen dritten, den erworbenen Charakter, „den man erst im Leben, durch den Weltgebrauch, erhält, und von dem die Rede ist, wenn man gelobt wird als ein Mensch, der Charakter hat, oder getadelt als charakterlos."[36]

Das Menschen sich oftmals selbst verkennen, liegt in der mangelnden Selbsterkenntnis, welche erst im Laufe des Lebens erworben werden muss: „Darum ist das bloße Wollen und auch Können an sich noch nicht zureichend, sondern ein Mensch muss auch wissen, was er will, und wissen, was er kann: erst so wird er Charakter zeigen, und erst dann kann er etwas Rechtes vollbringen."[37]

Was der Mensch will und kann, das lernt er aus der Erfahrung, und ist er erstmal zu dieser Erkenntnis gelangt, dann besitzt der Mensch den erworbenen Charakter, das „deutliche Wissen von den unabhängigen Eigenschaften seines eigenen empirischen Charakters und von dem Maß und der Richtung seines geistigen und körperlichen Kräfte, also von den gesamten Stärken und Schwächen der eigenen Individualität."[38]

Durch die Kenntnis der eigenen Natur, von den eigenen Stärken und Schwächen, lassen sich auch ganz natürlich Schmerzen verhindern, da wir wissen, was wir erreichen können und uns nicht selbst überschätzen und scheitern.[39] Dadurch ist eine gründliche Selbsterkenntnis der sicherste Weg zu einer Zufriedenheit mit sich selbst.[40] So entgehen wir dem „bittersten aller Leiden, der Unzufriedenheit mit uns selbst, welche die unausbleibliche Folge der Unkenntniß der eigenen Individualität, des falschen Dünkels und daraus entstandener Vermessenheit ist."[41]

Der erworbene Charakter bringt also „sittliche Grundsätze, welche Lücken der der Erfahrung ausfüllen, in Übereinstimmung mit seinen persönlichen Anlagen."[42]

Er nimmt Rücksicht auf die Gemeinschaft, welche nicht der rigoros reinen Moral, die Schopenhauer vorschwebt, zuzurechnen ist, jedoch für das gesellschaftliche Leben im Verband anderer Menschen unerlässlich ist.[43]

Die Erkenntnisse die aus Paragraph 55 gezogen werden können, sind, dass nach Schopenhauer der Mensch zwar Wahlfreiheit, aber keine Willensfreiheit besitzt und dieser Wille, der zugleich sein intelligibler Charakter ist, von Geburt bis Tod unveränderlich ist.

---

[36] ebd. S. 429
[37] Schopenhauer (2004), 430f.
[38] ebd. S. 432
[39] vgl. ebd. S. 433
[40] vgl. ebd. S. 433
[41] ebd. S. 435
[42] Schaefer (1996), S. 149
[43] ebd. S. 149

Durch die Wahlfreiheit unterscheidet sich der Mensch vom Tier, ebenso durch die Beschaffenheit seiner Motive, die zumeist abstrakte Vorstellungen sind, die die Zukunft betreffen. Warum Menschen dennoch aus ihren Fehlern lernen können, liegt an der wachsenden Selbsterkenntnis, die mit der Lebenserfahrung einhergeht.

Bibliographie

- Helferich, Christoph: Geschichte der Philosophie. Von den Anfängen bis zur Gegenwart und Östliches Denken. 6. Auflage, Deutscher Taschenbuch Verlag, München 2005
- Schopenhauer, Arthur: Die Welt als Wille und als Vorstellung. Band 1, Reclam Verlag, Stuttgart 2004

BEI GRIN MACHT SICH IHR WISSEN BEZAHLT

- Wir veröffentlichen Ihre Hausarbeit,
  Bachelor- und Masterarbeit

- Ihr eigenes eBook und Buch -
  weltweit in allen wichtigen Shops

- Verdienen Sie an jedem Verkauf

Jetzt bei www.GRIN.com hochladen
und kostenlos publizieren